岳麓书院

中国文化知识读本

Zhongguo Wenhua
Zhishi Duben

主编 金开诚

编著 王 观

吉林出版集团有限责任公司

吉林文史出版社

图书在版编目（CIP）数据

岳麓书院 / 王观编著 .—长春：吉林出版集团有
限责任公司：吉林文史出版社，2009.12（2022.1 重印）
（中国文化知识读本）
ISBN 978-7-5463-1544-7

Ⅰ.①岳… Ⅱ.①王… Ⅲ.①书院 - 简介 - 湖南省
Ⅳ.① G649.299.64

中国版本图书馆 CIP 数据核字（2009）第 222449 号

岳麓书院

YUELU SHUYUAN

主编/ 金开诚 编著/王观
责任编辑/曹恒 于涉 责任校对/王凤翎
装帧设计/曹恒 摄影/姜山 图片整理/王贝尔
出版发行/吉林文史出版社 吉林出版集团有限责任公司
地址/长春市人民大街4646号 邮编/130021
电话/0431-85618717 传真/0431-85618721
印刷/三河市金兆印刷装订有限公司
版次/2009 年 12 月第 1 版 2022 年 1 月第 4 次印刷
开本/ 650mm×960mm 1/16
印张/8 字数/30千
书号/ ISBN 978-7-5463-1544-7
定价/34.80元

关于《中国文化知识读本》

　　文化是一种社会现象，是人类物质文明和精神文明有机融合的产物；同时又是一种历史现象，是社会的历史沉积。当今世界，随着经济全球化进程的加快，人们也越来越重视本民族的文化。我们只有加强对本民族文化的继承和创新，才能更好地弘扬民族精神，增强民族凝聚力。历史经验告诉我们，任何一个民族要想屹立于世界民族之林，必须具有自尊、自信、自强的民族意识。文化是维系一个民族生存和发展的强大动力。一个民族的存在依赖文化，文化的解体就是一个民族的消亡。

　　随着我国综合国力的日益强大，广大民众对重塑民族自尊心和自豪感的愿望日益迫切。作为民族大家庭中的一员，将源远流长、博大精深的中国文化继承并传播给广大群众，特别是青年一代，是我们出版人义不容辞的责任。

　　《中国文化知识读本》是由吉林出版集团有限责任公司和吉林文史出版社组织国内知名专家学者编写的一套旨在传播中华五千年优秀传统文化，提高全民文化修养的大型知识读本。该书在深入挖掘和整理中华优秀传统文化成果的同时，结合社会发展，注入了时代精神。书中优美生动的文字、简明通俗的语言、图文并茂的形式，把中国文化中的物态文化、制度文化、行为文化、精神文化等知识要点全面展示给读者。点点滴滴的文化知识仿佛繁星，组成了灿烂辉煌的中国文化的天穹。

　　希望本书能为弘扬中华五千年优秀传统文化、增强各民族团结、构建社会主义和谐社会尽一份绵薄之力，也坚信我们的中华民族一定能够早日实现伟大复兴！

目录

朱熹

1130—1200

一　历史沿革

（一）北宋时期的创建

中国古代的书院起源于唐朝，清朝人袁枚在他的《随园随笔》中指出："书院之名，起于唐玄宗时，丽正书院、集贤书院皆建于朝省。为修书之地，非士子肄业之所也。"可见，最初的书院主要是官办的修书、校书以及藏书的场所。也有一些书院是私人建立的，作为文人隐居读书的地方，多设在山林、寺观或村野之中，这时的书院还都不是一种真正意义上的教育机构。后来，有些文人、隐士开始收揽徒弟，传道授业，因此，有些书院开始有了教育活动，但这时书院的规模都不大，

岳麓书院是湖南大学的前身

岳麓书院

康熙二十六年御赐"学达性天"牌匾

学生也比较少，还处于一种萌芽状态。

　　到了唐末及五代十国时期，战乱不断，官学废弃，许多"洁身自负"的文人隐居山林，读书讲学。因此，书院教育得到了进一步的发展，而且这时的书院已经初步具备了后来书院的一些基本特征。虽然根据史书的记载，岳麓书院是在北宋开宝九年(976年)创建的，但从南宋时期任岳麓书院山长的欧阳守道的记述来看，岳麓书院的创建时间应该可以推到唐末五代时期。欧阳守道在《巽斋文集》中说："往年余长岳麓，山中碑十余，寻其差古者，其一李北海开元中为僧寺撰，其一记国初建书院志撰者名。碑言书院乃寺地，有二僧，一名智璇，一名某，念唐末五季湖

孔子头像

南偏僻，风化陵夷，习俗暴恶，思见儒家之道，乃割地建屋，以居士类，凡所营度，多出其乎。时经籍缺少，又遣其徒市之京师，而负之归。士得屋以居，得书以读。其后版图入职方，而书院因袭增拓至今。"根据这段记载，我们可以知道，在唐末五代时期，战乱不断，文教遭破坏，而湖南偏远，文教更加落后。这时智璇和另一个和尚，希望通过儒家之道来改变这种状况，于是便割地建屋，让文人可以有居住读书之地，后来的岳麓书院就是在此基础上逐渐发展起来的。

北宋建立后，经过连年征战，终于结束了割据局面，实现了统一。在北宋时期，岳麓书院所在的长沙属潭州管辖。开宝六年（973年），朱洞出任潭州太守，鉴于长沙岳麓山抱黄洞下寺庵林立、环境幽静，接受了刘鳌的建议，在原有僧人兴办的学校基础上创建了岳麓书院。初创的书院分有"讲堂五间，斋舍五十二间"，其中"讲堂"是老师讲学的场所，"斋舍"则是学生平时读书学习兼有住宿的场所，俨然已经成为一所颇有规模的书院了。此时，虽然它并不属于官学，但从创办开始就受到官府的支持，表现出某些官办的性质。

　　朱洞离任后，岳麓书院因一时得不到有力的支持，一度出现了"诸生逃散，六籍散亡，弦歌绝音，俎豆无睹"的局面，直到咸平二年（999年）李允则出任潭州太守，情况才有所改变。李允则为了发展当地的文教事业，决定扩建岳麓书院。他"询问黄发，尽获故书，诱导青衿，肯构旧址。外敞门屋，中开讲堂，揭以书楼，序以客次。塑先师十哲之像，画七十二贤，华衮珠旒，缝掖章甫，毕按旧制，俨然如生。请辟水田，供春秋之释典；奏颁文疏，备生徒之肄业。"也就是说，他访问年龄大的人，把以前的旧书都收

书院教给学生做人的道理

"圣学渊源"牌匾

回到岳麓书院，又带领年轻人对书院进行翻修，他将讲堂设在书院的中心，又盖了御书楼，将所有的建筑按顺序排列，还供奉先贤的塑像，开辟了水田，还奏请朝廷颁发证书，作学生肄业之用。经过李允则的扩建，岳麓书院分为讲学、藏书、供祀三个部分，并开始设置学田，这成为书院的基本格局。

在这个基本格局中：讲学部分是书院的主体，它包括讲堂和斋舍。讲堂是老师讲学论道的地方，斋舍是学生读书和住宿的地方。岳麓书院在创建之时有讲堂五间，斋舍五十二间，李允则扩建

《三字经》

岳麓书院

岳麓书院内景

时"中开讲堂"，从而确定了讲堂在书院的中心地位。在岳麓书院后来的发展历程中，经过了多次废弃和重建，但将讲堂置于书院中心位置这个基本格局却始终没有变过；其次是藏书部分，因为书院最初就是用来藏书的地方，虽然后来发展成为了教育机构，但藏书这一职能始终没有改变。岳麓书院历来都很注重收集并保存典籍，李允则扩建时还建立了藏书楼，并位于讲堂之后的中轴线上，说明它在书院中具有重要的地位；另外，供祀部分也是书院的一个重要组成部分，起初只是供祀先师孔子，后来又增加了儒家学派的代表人物及孔子的著名弟子，再后来，还发展到供祀本学派的大师或忠臣、乡绅名宦等。

岳麓书院正式定额六十余人，已经具有相当的规模，在当时产生了很大的影响。北宋王禹偁在《潭州岳麓书院记》中，把岳麓书院比作孔子和孟子的家乡，说明岳麓书院在当时享有很高的声望。

北宋是在五代十国分裂割据之后建立起来的大一统王朝，为了防止这种分裂的局面再次出现，北宋统治者格外注重强调中央集权。因此为了加强思想上的控制，振兴渐趋衰落的官学，北宋掀起了兴学运

岳麓书院碑廊

岳麓书院

岳麓书院雪景

动。在这场运动中，书院遭到了很大的打击，有的被变为官学，有的甚至被废弃，岳麓书院也受到了影响。在这一时期，朝廷曾下令废弃岳麓书院，并将其改为鼓铸场。但是这个命令遭到很多人的反对，如湘阴尉朱轲便对这个命令拒不执行。后来朝廷考虑到岳麓书院的影响太大，只好放弃这个决定，岳麓书院这才幸免于难。其不但没有在这场运动中被废弃，反而获得了发展。

北宋大中祥符五年（1012 年），周式担任岳麓书院山长。这时，书院的规模已由原来的六十人发展到数百人，并在潭州太守刘师道的支持下扩建斋舍，因此，岳麓书院的名气遍布天下。大中祥符八年（1015年），宋真宗亲自召见山长周式，并亲书"岳麓书院"匾额，至今书院仍保存着的明代"岳麓书院"刻石，即是宋真宗的真迹。由于周式学行兼优，真宗欲授予其国子监主簿的职位，但他无心做官，便坚决地拒绝了。真宗被他这种为了教育坚定不移的精神所打动，赐给他许多内府书籍。

经过北宋的兴学运动，官学又发展起来，岳麓书院在这场运动中被纳入到"潭州三学"这种类似于官学的教育体制中。所谓的"潭州三学"是指：州学、湘西岳麓书院和岳麓书院精舍。这是逐级递增的三个阶段，根据《宋史·尹谷传》记载："初，

朱熹名言石刻

岳麓书院

潭士以居学肄业为重。州学生月试积分高等，升湘西岳麓书院生；又积分高等，升岳麓精舍生。潭人号为三学生。兵兴时，三学生聚居州学，犹不废业。"其中，湘西岳麓书院是指湘西书院，他是李允则咸平四年（1001年）请赐国子监书籍时建立的，而岳麓精舍则是指岳麓书院。可见，岳麓书院在"潭州三学"中的地位高于州学之上，成为地方上的高等学府。

（二）南宋时期的兴盛

北宋末年，不断受到金朝的攻击，靖康元年（1126年），金军包围了北宋的都城汴京（今河南开封）。第二年，金人俘宋徽宗和宋钦宗北去，北宋灭亡。就在这一年，北宋康王赵构在南方的归德称帝，改年号为建炎，这就是南宋。

南宋建立以后，继续与金朝进行连年的战争，岳麓书院所在的潭州也遭到战火的破坏，最终在绍兴元年（1131年）被毁，化为废墟。此后，尽管一些文人、士大夫曾努力修复书院，但都没有成功。乾道元年（1165年），刘珙任湖南安抚使知潭州，他深受儒家思想的影响，一生以尊儒重道为己任，而且与朱熹、张栻等著名学者交

古代书院牌坊

岳麓书院外景

情深厚，关系密切。刘珙到湖南上任后，对发展文教事业非常重视，曾经"葺学校、访雅行，思有以振之"（《宋史》本传）。当有人提出要重建岳麓书院的时候，他非常赞同，授命郡教授郭颖负责这件事，不到一年的时间，新的书院得以建成，有屋五十楹，又将圣人的肖像供奉于殿中，"列绘七十子，而加藏于书堂之北"。其规模在原来的基础上又有所扩大。

除此之外，刘珙又聘请了当时著名理学家张栻主教岳麓书院，这更提高了岳麓书院在教育界与学术界的地位。刘珙对张栻的品行和学术思想十分欣赏，多次向皇上推荐张栻，希望他能够得到朝廷的重用。张栻曾就学于湖湘学派的创始人胡宏，在胡宏的众多弟子中最为优秀，学成后回到湖南，创立了城南书院。刘珙重建岳麓书院时，他曾率弟子前往观看，对岳麓书院的环境非常喜爱，认为那是研究学术、传道授业的好地方，因此，当刘珙向他发出邀请时，他便欣然接受了。张栻在当时的学术界享有很高的威望，与朱熹、吕祖谦并称为"东南三贤"。他主教岳麓书院时，许多人慕名而来，从学者不仅来自于湖南，而且遍及东南各省，一时之间达到千人之多，奠定了湖湘学派的规

朱熹画像

朱熹像

模。此后，岳麓书院培养了大批湖湘学派的传人，并将湖湘学派的学术思想发扬光大，岳麓书院便逐渐发展为湖湘学派的基地。

经过刘珙的重建，岳麓书院的规模得到恢复而又有所扩大，进入到一个崭新的阶段，出现了前所未有的兴盛局面。随着岳麓书院影响的扩大，许多著名学者纷纷被吸引来此进行学术上的交流，其中就包括南宋时期最著名的理学家——朱熹。其实，朱熹与当时主教岳麓书院的张栻早有学术上的往来。隆兴二年（1164 年），张栻的父亲张浚病故，张栻携父亲灵柩经过豫章，朱熹曾前去吊唁并同张栻有过交谈。此后，二人经常书信往来，就一些学术问题进行交流，但有些问题始终没有达成共识，渐渐地，他们都感到仅靠书信交流意见是不够的，于是产生了见面切磋的想法。就这样，终于在乾道三年（1167 年），朱熹在学生范伯崇、林择之的陪同下，不远千里从福建来到长沙，与张栻切磋学术，并在岳麓书院讲学。朱熹在当时是十分有声望的，他在岳麓书院持续讲学两个多月，来听他讲学的人特别多，以至有"一时舆马之众，饮池水立干涸"的说法，也就是说那时来听朱熹讲学的人所骑的马非常多，只要它们喝池里的水，池里的水就会立即干涸。可见，当时真的是盛况空前，这就是历史上著名的"朱、张会讲"。

朱熹此次来岳麓，除了在岳麓书院讲学以及与张栻交流学术以外，还与胡宏的另外两位学生彪居正和胡广仲会面，与之切磋一些学术上问题。朱熹还与张栻结伴共同游览名山胜地，他们一起吟诗唱和，竟然作了一百四十九首诗，最后由张栻作序，朱熹作后记，编为《南岳唱酬集》。

这次会讲取得了一定的学术成果，并在客观上促进了朱熹所代表的闽学与张栻所代表的湖湘学之间的学术交流与融合。同时，这次会讲对岳麓书院在学术上的发展也具有重要的意义，因为它开了书院会讲制度的先河，此后许多著名学者都来到岳麓书院讲学，使各个学派的学术思想都能够在这里得到融合、传播。岳麓书院的学术氛围也非常活跃，成为中国学术发展的一个重要基地。因此，这次"朱、张会讲"在岳麓书院的历史上被传为佳话。

淳熙元年（1174 年），张栻由于职务的调动离开了长沙，淳熙七年（1180 年）病逝

张栻像

书院墙壁上的教学理念时刻提醒着人们

于江陵。张栻死后，他的学生大都改从其他学派的学者为师。淳熙十五年（1188年），岳麓书院山长顾杞聘请事功学派的陈傅良到岳麓讲学，而事功之学与湖湘之学有一个共同的特点，就是都主张经世致用，于是原来从师于张栻的湖湘学子便大多转而从学于陈傅良了。绍熙五年（1194年），朱熹被任命为湖南安抚使，再度来到长沙。他对于湖湘学派与事功学派的融合很不满，认为这违背了理学的正统，而且当时的岳麓书院很不景气，没有了往日那种积极的学术风气，这使朱熹感到非常惋惜，于是他决定兴学岳麓，更建书院。朱熹兴学岳麓的措施主要有以下几个方面：第一，聘请自己的两个弟子黎贵臣和郑贡生分别担任岳麓书院的讲书职事与学录，负责掌管学规和辅助教学。同时，他也亲自管理书院并到岳麓督学。第二，将他主持白鹿洞书院时拟订的《白鹿洞书院教条》在岳麓书院颁行，这是岳麓书院第一个真正意义上的学规。第三，增加学员的数额。岳麓书院原来将学员定额为二十名，朱熹在此基础上增加了额外的十名，规定他们可以不参加考试而进入岳麓书院，并发给其一定数量的生活费，叫做膏火费。第四，更建书院。明代杨茂元的《重修岳麓书院记》中记载，刘珙所创立的书院，经过岁月的侵蚀已经有所损坏了，朱熹对岳麓书院进行了修复，规制一新。然而，朱熹并没有亲自参与岳麓书院的修复工作，而是委任王谦仲具体负责。岳麓书院的修复持续了很长时间，朱熹早以离任了，但是修复书院的想法以及具体修复的规划则是由朱熹提出来的。经过朱熹的整顿，岳麓书院在教育上和学术上都进入了鼎盛时期。

南宋末年，政治黑暗，庆元年间，统治集团内部展开党派之争，理学也被牵扯进来，

白鹿洞书院教条

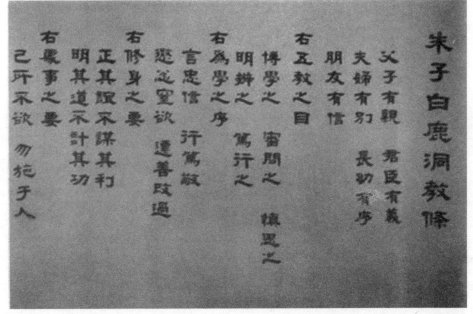

理学家被视为"逆党"，纷纷遭到驱逐，这就是所谓的"庆元党禁"，书院也就随之冷落下来。直到嘉定年间，党禁才逐渐解除，理学的地位也慢慢地得到恢复，因此，书院又开始复苏了。宋理宗赵昀即位以后，由于意识到理学在维护封建统治秩序方面的作用，对理学更加重视，对于传播理学的书院也积极扶持。岳麓书院也在这样的环境下逐渐恢复并兴盛起来，淳祐六年（1246年），宋理宗赐御书"岳麓书院"四字，这是岳麓书院继宋真宗之后，第二次得到御赐的匾额，这对提高岳麓书院的地位起到了重要的作用。

书院古籍

岳麓书院

（三）元明时期的延续

正当南宋与金朝、西夏对峙之时，位于金朝北方的蒙古族迅速崛起，在其首领铁木真的带领下，逐渐统一了蒙古草原，随即开始向南发展。1227年，灭掉了西夏；1234年，又灭掉了金朝；1271年，铁木真的孙子忽必烈正式建立了元帝国。元朝建立后，继续马不停蹄地攻打南宋，南宋军民进行了顽强的抵抗，其中也包括岳麓书院诸生。德祐元年（1275年）九月，元军围攻潭州，战斗进行得异常激烈。在这场斗争中，岳麓书院诸生起初表现得非常镇定，他们在战火中仍然坚持读书。后来，当战斗进行到了紧要关头，他们毅然放下书本，投入到战斗中，大多数都壮烈牺牲，表现出了极大的爱国热情和英勇斗争的精神，岳麓书院也在这场战火中化为废墟。

1279年，南宋最终在元军的打击下灭亡了，我国再度实现了统一。蒙古族本是生活在北方草原上的游牧民族，虽然在军事上异常强大，但是在文化上却是相对落后的，他们进入中原以后，受到中原的先进文明的影响，逐渐意识到可以在马上打天下，却不能在马上治天下，于是对文教事业采取了保护发展的政策，其中就包括对书院的优惠政策。元至正二十三年（1286年），元世祖忽必烈下令恢复江南学田，同时，潭州人刘必大开始主持重建岳麓书院。这次重建的情况因为史料的散失而无从考察了，但是可以肯定的是，经过这次重建，岳麓书院又恢复了往日的面貌，又成为文人、学子云集的高等学府。

此后又经过了将近三十年的时间，即延祐元年（1314年），书院再次因年久失修而破败不堪。这时，郡别驾刘安仁到岳麓书院考察，发现书院房屋倒塌，墙垣脱落，急需整修，于是他便下令对岳麓书院

朱熹园一景

岳麓书院

进行重修。刘安仁在重修岳麓书院的同时，又请他的好友，也是元代著名的理学家、教育家——吴澄撰写《重修岳麓书院记》来记录这件事。根据《重修岳麓书院记》的记载，这次重修是比较彻底的，"门厩庖馆，宫墙四周，靡不修完……木之朽者易，壁之墁者垮，上瓦下，更彻而新"。经过这样的修整，岳麓书院的讲堂、藏书阁、祭祀用的祠殿以及亭台都排列整齐，井然有序。书院的面貌焕然一新，在管理上也更加规范，并且贯彻宋代就确立的"成就人才以传道济民"，而非以科举为目的的教育思想，使本来就历史悠久的岳麓书院在元代享有极高的声誉。

岳麓书院一角

朱熹章句

元代末年，爆发了大规模的农民起义。1368年正月，朱元璋率领农民起义军攻克大都（今北京），元代的统治结束了。八月，朱元璋称帝，改元洪武，定都南京，国号大明。

由于元末战乱，岳麓书院于至正十八年（1368年）再次毁于战火。明代建立后，大力发展官学，强化科举考试，并将科举与官学紧密结合。从中央到地方，官学规模扩大，设施完备，待遇优厚，获得了空前的发展，而书院在明代建立后近百年的时间里，却备受冷落，许多著名的书院毁于战火后都无人问津，其中就包括岳麓书院。根据杨茂元《重修岳麓书院记》的记载，岳麓书院在明初一直处于"破屋颓垣，隐然荒榛野莽间"的境地。当时有人留下一首诗叫《书院废迹》，就是描写这种情况的，这首诗是这样写的："峨峨岳麓山，前贤读书处。世远人亦亡，遗基尽荒秽。尤丰北海碑，尚有南轩记。公暇一来过，徘徊发长喟。"

明代中叶，官学出现了衰退的迹象，教师短缺，在任的人就不足以为人师表，有能力的人又嫌这个职业不受重视，不愿到官学中就职。这时，科举也开始腐败，考试中作弊的现象非常严重，使人们对它失去了信心。官学的衰退使人们又将注意力转移到书院上来，有识之士纷纷开始着手恢复书院，渐渐形成一个高潮。就是在这样的背景下，岳麓书院也开始重建。明宣德七年（1432年），由江西人周辛甫出资捐修了岳麓书院讲堂。此后又过了三十多年，长沙知府钱澍再次兴复岳麓书院，但这次修复也只是修建了礼殿和麓山寺碑亭，和宣德七年那次修建一样，并没有恢复岳麓书院的教学活动。

岳麓书院前的古树

又过了二十多年，到了明朝弘治年间，陈钢和杨茅元再次重建岳麓书院，这次重建才可以说是明朝岳麓书院的真正兴复。陈钢在弘治年间任长沙府通判，因监修吉王府有功，吉王要赏赐他，他没有接受，只是请求吉王重修岳麓书院，吉王答应了。于是从弘治七年（1494年）开始动工，次年完工。经过这次重建，岳麓书院的规制虽不如前代，但也初具规模。杨茂元在弘治年间任长沙府同知。他与陈钢交往甚深，对陈钢修复岳麓书院的做法极为赞赏。弘治九年（1496年），他与知府王瑶在陈钢重建的基础上，又对岳麓书院进行了扩建，"辟道路，广舍宇，备器用，增公田，储经书"，由此书院基本恢复旧观，完备了重新开学的条件，结束了岳麓书院百年荒芜的局面，又渐渐兴盛起来。

此后，又过了十年，到了明朝正德年间，岳麓书院又有一次扩建，而这次扩建与佛、儒两股势力的斗争有关。在中国古代历史中，儒、佛这两种势力一直存在一种相互竞争的关系，而且在不同时期，他们的力量互有消长。在明代中叶，在儒、佛之间的斗争中，儒学取得了优势地位，儒长佛消的现象成为当时社会的一种普遍情况。因此，在明代正德二年（1507年），出现

岳麓书院爱晚亭

岳麓书院

岳麓书院一景

了毁寺扩院的事情。当时是由守道吴世忠根据长沙指挥杨溥和长沙府县生员何风等人的建议，率领府、卫、县官以及书院师生，对岳麓书院进行了一次大规模的扩建。在这次扩建中，吴世忠下令拆毁被视为"淫祠"的道林寺，将道林寺的木石砖瓦运到岳麓书院作为扩建的建筑材料，并根据所谓"风水"的需要，对岳麓书院做了一次全面的勘测规划。虽然这是出于一种迷信的思想，但经过这次勘测，调整了书院大门的朝向以及道路的安排，却也体现出了书院建筑群体与岳麓山的地势和风景条件的有机结合，突出了书院在岳麓山的中心地位，也更加表现出了岳麓山的景观特色。

　　到了明嘉靖初年，刚刚即位的明世宗对文教事业非常支持。他尊崇孔子、朱熹，重视科举，他既提倡程朱理学，又不反对心学，也不干涉自由讲学，使当时的学术气氛非常活跃。明世宗对岳麓书院很是赞赏，在嘉靖七年（1528年），他赐书给岳麓书院，并在岳麓书院置山长。嘉靖九年（1530年），他又赐给岳麓书院"敬一箴"。敬一箴是明世宗为宣扬儒学而作的箴言，只有具有一定地位的学府才有资格得到它，明世宗将"敬一箴"颁赐给岳麓书院，说明他对岳麓书院是非常肯定和重视的。在这种形式下，岳麓书院逐渐兴盛起来，出现了"振美一时"的局面。

　　但不久以后，为了防止湛若水、王守仁等学者在东南地区聚众讲学而逐渐形成政治上的势力，同时也是为了挽救官学的衰败局面，明世宗改变了对书院的政策。嘉靖十六、十七年间（1537—1538年），他下诏废弃书院。但是当时的长沙知府季本并没有执行朝廷的命令，而且岳麓书院有御赐的书籍和"敬一箴"，使岳麓书院在这次毁院禁令中并未受到影响，反而有

古代书院注重对礼节情操的培养

所发展。季本在这次禁令下达之后不久就大力修整岳麓书院，他下令修葺了大成殿等许多建筑，还清理了岳麓山上的官道，增置学田，使岳麓书院的规模又有所扩大。

（四）清代的演变

1644年，李自成率领的农民军攻陷北京，明崇祯皇帝自缢于景山，李自成在北京建立了大顺。后来，崛起于我国东北的满清政权入关，打败了李自成，定都北京，改年号为顺治。

清代教育中的体罚

顺治年间，反清复明的势力比较强大，清朝的统治受到很大的威胁，满清统治者便推崇理学，大兴科举，创办学校，以此来笼络人心，消除反抗情绪。于是各级官学迅速恢复并发展起来。而对于书院，清朝统治者唯恐明末民族主义思想和自由议论朝政的风气复活，也怕书院聚众讲学，在政治上形成一种势力，因此对其采取了抑制政策。顺治九年（1652年），清朝发布诏令，禁止教官和儒生创立书院，聚众结党，空谈废业。对于已经存在的书院，则颁发"卧碑"（就是规定不许书院生员对国家大事上书陈言，也不许立盟结社，不许将自己的文章任意刊刻发行等等，否则送往官府治罪）。然而，书

岳麓书院荷花池

院已经发展了几百年，具有深刻的社会影响，因此，许多人提出修复书院，使政府禁止书院的政策无法推行下去，于是开始慢慢地有所松动，各地书院逐渐得到了恢复。岳麓书院作为天下闻名的书院，在这一时期也有一定的恢复，但是，在"卧碑"的压制下，书院的学术精神无法获得真正的发挥，因此又慢慢地衰落下去。

康熙七年，在湖湘子弟的要求下，岳麓书院曾得到修复，但是在不久之后的康熙十三年，吴三桂发动叛乱，岳麓书院又在战火中遭到严重破坏。十年之后，丁思孔任湖南巡抚，他率领属下以及士绅对岳麓书院又进行了大规模的重建，还聘请郭金门为山长，招揽学生，当时来岳麓书院读书的人越来越多。这时，丁思孔担心，如果岳麓书院没有朝廷的认可，必然不能长久的维持下去，于是，他多次上书请求皇帝御赐匾额和书籍。康熙二十六年春，康熙帝御赐"学达性天"匾额给岳麓书院，并赐十三经、二十一史以及其他经书讲义。从此以后，岳麓书院又再次兴盛起来。

雍正年间，清政府对书院的政策由消极压制转向了积极扶持，雍正帝还给各省书院赐帑金一千两，作为办学的费用。湖南省除了岳麓书院以外，原长沙府城南书院也升为省城书院，与岳麓书院共分得朝廷所赐的帑金一千两。乾隆年间，对于书院的发展继续进行扶持。岳麓书院长期以来，以传习朱张之学为正宗，这与清朝统治者的需要是一致的。乾隆八年，蒋溥任湖南巡抚，他在岳麓书院鼓吹正学，并上书请求乾隆赐额，以树立榜样。因此，乾隆帝赐书"道南正脉"匾额，以表彰岳麓书院传播理学的功绩，这在当时是莫大的荣耀，也是对岳麓书院地位的肯定。

清政府对书院的政策从抑制走向扶持的过程，其实也就是逐渐将书院引向官学化的过程。书院本来是由私人组织办学的，但是到了清朝，政府对书院管理有着严格的制度，使政府对书院的发展方向有了全面的掌控。岳麓书院从创立之始就带有官办的性质，因此，在清朝书院官学化的浪潮中，它比一般书院更早地发生了转变。首先，岳麓书院的教学逐渐与科举结合起来，所教授的内容多是科举文章，地方官吏也不时地到书院进行考课；其次，岳麓书院山长的任免也被政府所掌控，而且还

岳麓书院御书楼

在书院增设了"兼理""司管钥""兼院"等职位,以便加强对岳麓书院的控制;再次,书院的学生也不能像过去自由讲学时那样来去自由,而是要经过官府严格的考查才能入学;最后,清政府还通过拨给经费、赏赐等方式从财政上加强对岳麓书院的控制。上自皇帝下至地方官的支持,使岳麓书院成为在全国有着重要影响的教育中心。

到了清朝末期,中国的封建专制主义制度已经逐渐走向了没落,而为其服务的官学化的书院也无法逃脱衰败的命运,越来越不能适应时代的潮流,因此,改革成为一种必然的趋势。从光绪二十二年(1896

岳麓寺碑

岳麓书院

岳麓书院内景

年）开始，清政府根据改革派的建议，多次下令对书院的课程进行改革。当时任岳麓书院院长的王先谦也将岳麓书院的课程改为经学、史学（附舆地）、掌故、译学、算学等五门，可见，书院已开始慢慢地向近代学校过渡。刑部侍郎李端棻向光绪帝呈上《请推广学校折》，明确提出主张将书院改为学堂。光绪二十四年五月，清政府诏令："将各地省府州县现在之大小书院，一律改为兼习中学西学之学校。"

这一年的八月，随着维新运动的失败，各地学堂又改回了书院，如：光绪二十五年二月，时务学堂被改为求实书院。光绪二十六年，八国联

湖南大学秉承岳麓书院千年办学传统，成为一所现代新型大学

军攻占北京，清政府与其签订了丧权辱国的《辛丑条约》，这更加激起了人们救亡图存的热潮，于是，新政之议再次兴起。光绪二十七年，湖广总督张之洞与两江总督刘坤一联合上《变通政治人才为先折》，主张将书院改为学堂或学校。清政府采纳了张、刘二人的主张，下令："各省所建书院，于省城改设大学堂，各府及直隶州改设中学堂，各州县改设小学堂。"此时的湖南巡抚俞廉三思想比较保守，因此，湖南改书院为学堂的行动较为迟缓。光绪二十九年三月，新任湖南巡抚赵尔巽到任，他是积极主张改革的。不久之后，他就奏请将岳麓书院改为湖南高等学堂，并将原来的时务学堂、求实书院、湖南大学堂等并入其中。至此，岳麓书院终于演变为新式学堂，迈向近代教育的新阶段，后来又几经合并、更名，最后成为了今天的湖南大学，它的校区以岳麓书院为中心而得到迅速的发展，到现在已经成为一所理、工、文、管、商多学科协调发展的综合性大学。湖南大学继承了岳麓书院千年办学的优秀传统，成为一所既有千年历史、又在国际国内享有一定声望的现代新型大学。

二　教育传统

岳麓书院张栻题写的碑刻

（一）教育思想的形成与发展

岳麓书院作为一种书院教育，虽有一般书院的教育特点，但又有自己独特的教育理念，而岳麓书院形成富有特色的教育传统，是在南宋时期张栻主教时奠定的基础。

张栻是著名的思想家和教育家，他的教育思想对岳麓书院产生了深刻的影响。张栻教育思想的核心在于人才培养目标的确定上。他在《岳麓书院记》一文中，为人才培养的目标做了描述，他说："岂特使子群居佚谈，但为决科利禄计乎？盖成就人才以传道而济斯民也。"也就是说，学校的办学思想，不应该是作为科举考试的附庸和跻身仕途的跳板，而不重视对学生品德的培养，反对把书院看做是取得功名利禄的场所，提倡把教育与治国平天下的经世济民活动联系起来，以培养出"得时有道，事业满天下"有用之才。张栻的教育思想在当时的历史条件下是有着积极意义的，他的思想也奠定了岳麓书院教育思想的基础，以后虽有所发展，但始终未离开张栻思想的影响。

张栻的人才培养目标，被以后的岳麓书院院长们所继承，培养经世致用的人才成为

岳麓书院一景

教育传统

岳麓书院办学的重要传统。岳麓书院在近千年的发展历程中，曾多次修复和重建，而几乎在每一次修复和重建时都要重新提出办学的宗旨。如元代刘必大重建岳麓书院时，就曾把"熟于记诵，工于辞章，优于进取"作为弊病，提倡把它革除掉，这就是对张栻教育思想的继承。对于将科举作为办学目的的弊病，岳麓书院一直是十分反对的，直到清朝的最后一位院长王先谦，仍在坚持岳麓书院的办学传统，反对将书院作为科举的附庸，反对教育专于八

朱熹 张栻像

岳麓书院

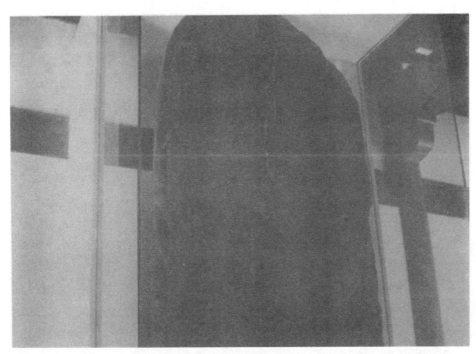

张栻篆书石碑文

股之艺。他指出"所务在名，所图在利"是把学生引向了歧途，主张引导学生从功名利禄的羁绊中解脱出来，而治经世致用之学。

对于张栻提出的教育思想，以后岳麓书院的院长还对其进行了发展。清代岳麓书院院长欧阳厚均就是其中之一。他提出，既要让学生立志做一个经世济民的有用的人才，又要让他们具备应变社会生活的能力，这种思想实际上是提倡在培养作为官吏的人才之外，还要培养各种实业人才，这无疑是在张栻的教育思想上，又有了进一步的发展。

（二）教育方法的形成与特色

岳麓书院匾额

岳麓书院在其培养经世致用之才的教育思想下，形成了其独具特色的教育方法。

首先，岳麓书院始终把学生的品德培养放在首位。张栻曾说："尝考先王以建造士之本意，盖将使士者讲夫仁、义、礼、智之彝，以明夫君臣、父子、兄弟、朋友之伦，以之修身、齐家、治国、平天下，其事盖甚大矣。"为了严格地对学生进行品德教育，岳麓书院把儒家经典作为基本教材，并将"忠孝仁爱"作为校训，到清代时发展成"整齐严肃""实事求是"。如果说南宋时期岳麓书院还偏重于道德知识的灌输，那么明清时期则更注重于道德实践，重视在行为上用道德修养来规范学生，把儒家的教义变成学生的行为准则。清代岳麓书院的山长王文清曾制定过一个岳麓书院的学规，这就是后来著名的《岳麓书院学规》十八条。在这十八条学规中，有十条谈的是学生必须遵守的行为准则，这十条分别是：(一)时常省问父母；(二)朔望恭谒圣贤；(三)气习各矫偏处；(四)举止整齐严肃；(五)服食宜从勤俭；(六)外事毫不相干；(七)行坐必依齿序；(八)痛节讦短毁长；(九)损友必须拒绝；(十)不可闲谈废时。由于岳麓书院一直坚持严格的道德教育，于是造

岳麓书院崇道祠

岳麓书院一景

就了大批具有良好道德修养的学子，涌现出了很多对社会有用的人才。

其次，岳麓书院注重激发学生学习的主动性。张栻曾提出，人和万物的区别就在于人是有知觉之心的，这种知觉之心使人在学习上有一种思考的精神，如果只学习而不思考，则"无所发明，罔然而已"，因此培养学生的思考能力是非常重要的。

岳麓书院在张栻之后的诸位院长也很注意培养学生的主动精神。如清代的院长李文照在其制定的《岳麓书院学规》中就提出，学生在学习的过程中要有怀疑精神，遇到不解的问题不要把这种疑惑放在心里，要思考，要向老师和所有高明的人请教；学习儒家经典的时候，也要联系其他的知识加以理解，要把先贤的各种解释集合起来，经过思考提出自己的见解。因此，岳麓书院在教学过程中，不仅重视教的方面，也很重视学的方面；不仅重视学生学到了什么，更重视学生学习之后自己的发明和创造。

再次，岳麓书院还非常重视对学生实践能力的培养。张栻曾提出"学贵力行"的主张，并被以后历届院长所继承和发扬。如清

如今，御书楼仍然是一座图书馆

代院长王先谦，虽然在政治上持保守立场，但他也非常反对空谈理论，主张学生读书要能够学以致用。在他的影响下，许多学生走出书斋，投身到社会活动中。

最后，岳麓书院在一定程度上实行了开放式的教学。虽然岳麓书院是以程朱理学作为其正宗，但也并不反对其他学派的学者到岳麓书院讲学，传播自己的理论。先后有闽学、陆王心学、事功学、汉学等学派的学者来岳麓书院讲学，甚至敌对的学派也进入到岳麓书院，如清末康梁的维新思想也曾在岳麓书院传播。这些不同学

许多学者曾在岳麓书院讲学

岳麓书院

岳麓书院学术氛围浓厚

派在岳麓书院的传播，不仅活跃了学术上的氛围，也在一定程度上使学生有机会接触到不同的思想，有利于学生学术思想的进步。

三　规则演变

所谓规制，就是规范和体制，如岳麓书院是由哪些部分组成的，又是如何进行管理的等等。岳麓书院作为一所具有近千年发展历史的书院，不仅具有悠久的教育传统与学术传统，其规制也是比较完备的，下面我们来介绍一下岳麓书院的管理体制。

（一）规制的形成

岳麓书院的基本规制在北宋李允则进行扩建时就已基本形成了，当时岳麓书院由讲学、藏书、祭祀三个部分组成，构成了岳麓书院的基本格局。

李允则还开辟了水田，供祭祀之用，属于祭田的性质，由此开辟了岳麓书院学

岳麓书院景色优美

岳麓书院

岳麓书院内景

田的建设。此后，又增设了"膏火田""岁修田"等。学田是岳麓书院讲学、藏书、祭祀三大事业的经济基础，是书院经费的主要来源，是保证书院正常运转的重要因素。

（二）规制的发展与演变

岳麓书院的规制自形成以后，又经过了近千年的发展演变，其讲学、藏书、祭祀三大组成部分以及学田的建设都有了不同程度的完善，到清朝时，已经发展得非常完备了。

首先，讲学部分。

清初重建书院，继承了明朝的制度，设有两处讲堂，一名"静一堂"，一名"成德堂"。道光十三年(1833年)增设湘水校经堂，

远观御书楼

它在光绪八年 (1882 年) 迁出以前，一直是岳麓的一个教学组织部分。

清代书院斋舍也曾屡加扩建。初有存诚、主敬、居仁、由义、崇德、广业六斋，长沙知府李拔还为各斋作有铭词。至咸丰、同治之间仍是六个斋舍，讲堂之东有二斋，名为进德、居业，西有二斋名曰正谊、明道。进德、居业又分二斋于文昌阁之右。同治七年 (1868 年)，书院为清代最后一次大修，将斋舍调整成进德、正谊、明道、居业四斋，扩至一百一十四间。另有半学斋为山长住

书院内的青石板路承载着千年悠久历史

处。

清代学生，分为正课和附课两种。乾隆五十年(1785年)，定正课生五十名，附课生二十名，同年正课生增至六十八名，附课生增至三十五名。嘉庆七年(1802年)，又增附课生三十五名，其后保持不变，额外有时也收游学之士。因而，住院生一般保持在一二百人之间。

其次，组织系统。

清代岳麓书院的组织系统中，包括以下一些人员：

门前的石刻

山长，即书院的主持者，有时又叫"馆师""掌教"，乾隆三十年诏谕正名为"院长"，但习惯上仍多称山长。负责书院的组织管理和主要教学工作，同时还有权约束岳麓寺庙住持僧众及附近居民，真可谓一山之长。清初，山长多由巡抚从书院学生中选"老成者"充当，康熙以后则聘用德高望重的人，如李文炤、王文清、罗典、袁名耀、欧阳厚均、王先谦等，均为一代宗儒。

监院，管理书院财政、图书、生徒膏火奖赏、管理人员之考核与罢选等日常事务，但其主要责任还在督导生徒，考其言行，协助院长工作。也可直接与巡抚、学政联系，传达其指令，实际上又是地方政府管理书院的代表，负有监视山长的特殊使命。监院设置以前，康熙年间设有"董戒"，雍正年间有"司管钥"，乾隆初有"兼理"或"董理岳麓书院教官"等，都由政府正式命官担任。

学长，这是"新学"进入书院后增设的教职。光绪末年，岳麓改课程为经学、史学（包括舆地）、掌故学、译学、算学五科，每科聘学长一人掌教。

驿道书办，乾隆二十八年（1763年）

前后设有此职，责任为承办书院文册。

学书，与驿道书办同期设置。

首士（事），书院所有收支出纳、房舍修理、基建部署、朱张渡的管理及书院门役斋夫的招选等，都由首士具体负责。其人选一般由地方绅士公推。

斋长，斋长由住斋生徒中产生，每斋一人，或两斋一长。主要是督促诸生学习，在生徒与山长间起联系作用，同时还协助监院、首士管理书院财务，考核斋役、门夫等。同治年间，增加了"协理斋长"来协助斋长工作。

助监院，首士管理书院财物，稽核斋役

岳麓书院内的名家雕塑

门夫等。同治年间，又设置"协理斋长"会同斋长工作。

门夫，设一人，负责大门、前台、两辕门的漏湿排检、沟水疏通及本区卫生等。

堂夫，设一人，负责讲堂、二门、两苑的检修、湿漏、沟水及卫生等。

斋夫，每斋设一人，负责各斋炊事，各司打扫卫生、保管财物之责。另外监院内外、成德堂、讲堂两旁之日新、时习斋的卫生、检修也由各斋夫分担。

看司，一人，巡视、打扫、检修学斋及圣庙、文昌阁、崇圣祠、岳神庙、四箴亭、

岳麓书院正门

岳麓书院

岳麓书院前的石象

濂溪祠、崇道祠、六君子堂、山斋、校经堂等。

看碑，一人，管理看守自卑亭、极高明亭、道中庸亭、禹碑、北海碑等。

看书，一人，检修、打扫御书楼，看管、晾晒书籍。

更夫，书院东西两区各设更夫一人，负责夜晚巡视打更。

以上是岳麓书院各职事的基本情况，但不同时期，其组织和人员均有所不同。

第三，藏书和图书管理部分。

康熙二十五年(1686年)，兴建御书楼。到嘉庆末年，藏书达到一万零五十四卷。

岳麓书院内的浮雕艺术

咸丰兵火后，同治年间又恢复，增藏至一万四千一百三十卷。光绪二十四年 (1898年)，熊希龄等捐赠一百二十种 "新学" 图书，标志岳麓书院的藏书建设开始进入一个新的阶段。

书院藏书的来源极为广泛，大体可分为皇帝赐书、地方政府拨款购置、书院自置、社会人士捐置等途径。岳麓书院在宋、明、清三代都曾请得皇帝赐书，虽然数量不多，但影响重大。它作为最高统治者的嘉赏，增加了书院的荣耀，亦因此倡导社会捐助，促进了书院的藏书建设。地方政府奉令拨款为书院捐书的记载，始见于清代。乾隆元年，礼部复准"各省督抚动用公银两，购买《十三经》《二十一史》，发教官接受收贮，令士子熟习讲贯"。乾隆九年，又令"督抚行令司遭各员，于公用内酌量"给书院置办书籍。嘉庆二十五年，湖南巡抚李尧栋动用"公帑五百缗"，为岳麓添置大批图书，为此他还写了《岳麓书院藏书记》。据《岳麓书院新置官书总目录》记载，其时书院藏书"共三百三十函，计三百八十七部，三千二百七十一本，统计一万零五十四卷"，除去以前收藏由私人捐置的《御纂周易折中》等十二部书外，其余都是这次官款公置的，

岳麓书院中的对联

岳麓书院内的园林小景

以部数计，它占总数的96.8%，可见当时公置藏书在岳麓书院占有重要比例。社会人士的捐献是岳麓书院藏书的又一个重要来源。嘉庆年间，为了丰富书院的藏书，议订了《岳麓书院捐书详议条款》，动员地方文武官员、士绅学子捐置书籍。咸丰初年，太平军攻打长沙，书院藏书荡然无存。战后，院长丁善庆积极着手恢复藏书，带头捐献《御制日讲四书解义》《御定佩文韵府》《十三经注疏》《困学纪闻三笺》等八百六十二卷。因此带动士绅学子纷纷捐献。如湘阴人李桓一次就捐置了《四库全书提要》《资治通鉴》《钦定礼记义疏》《金石萃编》《王忠文公全集》《类书纂要》《日知录》《史记》等三十六种书籍，计两千余卷。长沙清末数学家丁取忠将自己著述编辑的《度里表》《数学拾遗》《算学丛书》二十一种捐给岳麓书院。湖南督粮道谢煌捐《约书》二部，湖南巡抚李瀚章送《御纂周易折中》等八部书。外地官绅也踊跃献书，如浙江巡抚湘乡人杨昌浚捐置《新唐书》《旧唐书》《七十三经古注》等十三种图籍，曾国荃献《王船山遗书》一套，计二百七十卷。捐献者大多为书院毕业或在籍生徒，他们慷慨捐赠，表现出对岳麓书院的深厚感情。由于各方人士的关心，至同治七年，在不到十六年的时间内，岳麓书院藏书又达到一万四千余卷，超过了嘉庆末年的藏量，其中九千三百余卷是官绅士民捐送的，占总数的65.9%，可见，这是岳麓书院后期藏书的主要来源。光绪二十四年，熊希龄、蒋德钧、刘麒样等又捐入《电学》《数学理》《东方时局论略》《铁甲丛谈》《保富述要》《数理精蕴》《弦切对数表》《工程致富》《类症活人书》《炼石篇》《美国水师考》《海军调度要言》等反映"新学"内容的"西书"计一百二十种，四百余本。私人所捐书籍，因为时间和捐献者社会地位、学术水平、爱好等不同而各具特色，从而形成了岳麓藏书内容广泛丰富的特点，特别是学者们有的捐赠自己的学术著作，反映了最新的研究成果，更有利于促进书院学术交流，提高研究水平。

第四，祭祀部分。

在清朝嘉庆以前，岳麓书院一共设置祭祀场所十五处，嘉庆年间又增加了十二处，同治年间设置欧阳厚均专祠，光绪初年又增加了王船山祠，前后相加，计有二十九处之

匾额高悬

岳麓书院自卑亭提醒人们处世要自卑，切忌仗势欺人

多，受祀者将近百人，这在全国书院中是十分罕见的。

在岳麓书院的祭祀群中，既有理学大师，如周敦颐、二程（即程颐、程颢）以及朱熹、张栻等，又有对岳麓书院的建设和发展做出贡献的有功之人，如欧阳厚均、李中丞、丁思孔等，还有传说中掌管士人功名禄位之神——文昌帝君。嘉庆初年岳麓书院受祀群中还增加了屈原和汉代大儒司马迁，而且后人还为到底应该祭祀周敦颐还是司马迁进行了一些争论，这也清楚地反映了当时岳麓书院的传统学术与汉学之间的矛盾。

第五，学田与经费。

明清之际，社会再次动乱，岳麓书院在明代艰苦积累的学田，又为豪势之家所占。丁思孔重建书院时，一切又只得从头做起。

清代岳麓书院的学田建设，像明代一样，得到了社会人士的极大关注，虽然时有见利忘义之徒侵占，但随即查出清复，而且重义助学之士大有人在，因而清代岳麓书院学田基本恢复了原有数目。较之明代，学田种类增加，整个书院经费来源中商品经济因素越来越大，又成了清代学田（包括经费）建设中的两个特点。

清代学田名目很多，有膏火田（又叫食

岳麓书院全景

岳麓书院一角

田）、祭田、岁修田、朱张渡食田等。岳
麓生徒的膏火由"膏火银"和"月米"组
成。膏火田即是"月米"来源之所在，到
同治年间，书院膏火田有 1595.5 亩，田亩
比明代少 500 来亩，但租额却大大超过明
代。学田分散于各地，如宁乡县有三处，

岳麓书院的学田建设得到了社会
的极大关注

计250亩，长沙县有十九处，计552亩。租谷也由各地官府代为"经理"收受，由善化县碾成米后连同每月的膏火银一起发放到岳麓书院。"膏火银"则类似现在的助学金，正课生每月一两，附课生减半，其经费来源主要是公款，经营方式则是将公款贷给商户，然后再由书院收取息金。

岳麓书院院长的食米供应（类似于院长的工资）来自于"院长食米田"，由书院直接管理。另外，书院各项设施的维修经费，原本是由官府负责支出，后来书院设置了"岁修田"，作为书院维修经费的来源，由书院直接管理。

岳麓书院还有祭田，是为解决书院的祭祀费用而设置的。明代时有道乡祠祭田四十亩，清代时增加了文昌阁祭田六石，收租四十一石，三闾大夫祠祭田十石，收租一百石。到同治六年(1867年)，郑敦谨等又捐款四十千文，作为欧阳山长祠的祭祀费用。岳麓书院在清代设祀很多，地方政府每年从道库拨银若干以资香火。但仍不够用，每到祭祀的时候，就由已经肄业的学生捐助。嘉庆元年(1796年)，岳麓书院生欧阳厚垣等人捐银两百两，交商以每月一分五厘生息，每年获银三十六两，以供春秋之祀费。

上述学田的设置，反映出清代学田建设的盛况，也从一个侧面反映出岳麓办学规模之大。同时，我们还看到，这种"田"已扩大至商品经济领域，与明代的货币地

岳麓书院在清代设祀很多

岳麓书院

租相比又进了一步。这些款项，对于书院的发展起了很大作用。如嘉庆七年（1802年），湖南盐法道达明阿与布政使通恩合捐白银四千两，以月利一分二厘交长沙、善化两县"典商"经营，每年获息银六百八六十八两，于是岳麓书院又扩招附课生三十五名，城南书院则扩招附课生二十五名，童生附课生十名。

另外，岳麓书院的经费开支情况现在已经无法全面地统计清楚，但是通过对一些资料的考察可以发现，岳麓书院的各项经费支出有这样一个特点：即教育经费要远远多于

岳麓山下的建筑

岳麓书院大成门

管理经费。教学人员和管理人员的薪金悬殊很大，"教职"远远高于"行政"人员。以院长和监院而言，他们分别是书院的教学与行政首领，但院长的束修金就相当于监院全部薪俸的十倍，以总额论，院长的年俸要比监院多十三至十四倍。一个充当斋长的正课生，每年实际收入与监院不相上下，其他办事人员和后勤管理人员比书院生徒的膏火钱还要少。总的来说，岳麓书院的教育经费在各项总开支中占到90%以上，而管理经费还不到10%。

四　学术传统

岳麓书院爱晚亭

　　岳麓书院不仅是培养人才的重要基地，也是研究学术的重要基地，因此，它不仅凝聚了中国教育的优良传统，同时也具有悠久的学术传统，它以包容的精神吸纳了各种学术派别在此讲学、交流，使岳麓书院形成了开放、活跃的学术氛围，在中国古代的学术发展史上占有重要的地位。

（一）岳麓书院与湖湘学派

　　湖湘学派是理学中的一个重要学派，主要创始人是胡宏，张栻是胡宏的学生，他主教岳麓书院，广收门徒，奠定了湖湘学派的规模。因此，南宋时期，岳麓书院是湖湘学派的基地，岳麓书院的发展与湖湘学的发展是紧密联系在一起的，岳麓书院能有南宋之兴盛，恰恰在于湖湘学的兴盛。

湖湘学派的学术思想支配岳麓书院近千年，代表了书院的学术传统。从总体上看，湖湘学派是以北宋的程颐、程颢创立的理学为其学术渊源，属理学中的"道南系"。但是，湖湘学派又不是理学的正统，在理学的许多基本问题的认识上与二程理学持歧见，具有非正宗理学的明显倾向。如：在对宇宙本体的认识方面，就存在着明显的分歧。理学以"理"或"心"为宇宙本体，而湖湘学派是以性为宇宙万物的根源，性存在于宇宙万物之先而又派生宇宙万物，是一种脱离客观物质世界而永存的抽象原则。从本质说，"性"与"理"是相同的，都属唯心主义范畴。但在性与理、性与心的关系上，湖湘学与理学的认识则是不一致的。理学把理、性、命视为一回事，而湖湘学派虽承认性、理都属天命，性、理与天命有直接联系，但并不以为二者就是一回事。湖湘学派认为"性"具有宇宙本体的属性，而"理"，则不具有这种属性。具体地说，理是"物之理"，即事物的规律，也是"伦常之理和治世

岳麓书院内孔子像

书房内景

之理"，因此湖湘学派说："以理义服天下易，以威力服天下难。理义本诸身，威力假诸人。"这与正宗的理学是存在差异的。另外，在理学家普遍关心的人性论问题上，湖湘学派与程朱理学也存在明显的分歧。胡宏反对以善恶来判断人性，认为性无善恶。张栻虽然不完全同意胡宏的观点，他主张性本善，但与程朱的性只指人性而不包括动物在内不同，他认为人和动物都是性本善的。不仅如此，张栻与程朱理学还不同的是，他认为恶不是先天的，人的本性先天都是善的，而恶则是后天产生的，不能因为现实的、个体的人存在着善恶的差别，就说人性像董仲舒所认为的那样存在着先天的"性三品"，由此提出先天人性平等论。所有这些，都表明湖湘学派虽属理学体系但又表现出非正宗理学的明显倾向，表观出湖湘学派在理学中的学术特色。

湖湘学派虽只存在于南宋时期，为时并不长，但它的学术思想流传千年，深刻影响了湖湘文化的发展。有人说岳麓书院是湖湘学派形成的摇篮和基地，此说确有一定的道理。

（二）岳麓书院与"王学"

自南宋之后，岳麓书院始终是重要的学术基地。王学是继南宋湖湘学派之后，在岳麓书院的一个重要学派，也是岳麓书院又一个学术繁荣时期。明代弘治初年，岳麓书院再兴，学术亦随之大振，王学大师王阳明讲学岳麓，开始了王学在岳麓书院的传承。继王阳明之后，岳麓书院成为王学的重要活动基地。紧接王阳明之后而来岳麓讲学的是王门弟子季本、罗洪先、张元汴、邹元标等人。

岳麓书院的王学具有与湖湘学相融合的显著特点，而作为正统的王学则不是这样。王学在岳麓书院传播期间，不但不排斥湖湘

古代书院教材

学(相反的湖湘学仍然被尊为岳麓的学统)，而且，王学在岳麓湖湘学的影响下，在一定程度上得到了改造，成为了被湖湘学改造了的王学。在王门弟子中兼收朱张之学并不是个别的情形，像王门高徒张元汴、邹元标、季本、罗洪先等，都在不同程度上吸收了湖湘学术思想。另外，王学是极端的主观唯心主义，高谈自悟本体，为当时学者所批评，都说王学是"空谈误国"。然而，在岳麓书院的王门弟子则受湖湘学之影响，如季本，不求空谈学术，重实用之学；再如罗洪先，虽出王门，但他对天文、地志、边塞、战阵等经世致用之学无不精究，对其他国计、民情也十分关心。总之，所有这些固然反映了王学内部的分化，但也反映了岳麓书院王学的特色，反映了在岳麓书院传播的王学与湖湘学相融合的特点。岳麓书院虽传播王学，但它始终没有王学空谈良知的陋习。所以在一定意义上说，岳麓书院的王学是被湖湘学改造了的王学。

（三）岳麓书院与汉学

清乾隆、嘉庆年间，中国学术界的主流转向于重视诂经考史的汉学思潮。他们倡导东汉古文经学那种实事求是的治学精神，张扬一种对《六经》的理性主义态度，故而将

岳麓书院幽静的庭院

中国古典主义的学术文化发展到一个新的阶段。岳麓书院又成为清代考据学派的重要学术基地。岳麓书院山长王文清便是汉学的代表人物，此后，岳麓书院的许多山长如李文照、王先谦等都是当时著名的经学家，他们在岳麓书院大倡汉学。汉学在岳麓书院极盛一时。

然而，汉学在否定宋学的空谈学术时却走到了另一个极端，刻意于名物训诂，寻章摘句，极为繁琐，而经义则被埋没于考据之中，更有甚者走

至今人们仍把"实事求是"作为道德的规范

岳麓书院

到玩物丧志的地步。但岳麓书院所传汉学则与此不一样，有它自己的突出特点。比如，王文清虽是汉学之兴的开端人物，但他在教学中很注意把研习经史和通晓时务相结合，他还写了《读史六法》来训导学生。可见，王文清不是唯《六经》为是，而是也重视史学，并要求学生通晓礼乐、兵法等致用之学。由此说明，经世致用的湖湘学风仍为清代岳麓书院的山长所继承和发扬。

王先谦是继王文清之后，岳麓书院最著名的经学大师，曾有"季清巨儒，著书满家"的称誉。他任岳麓书院山长达九年之久，他

千年学府岳麓书院内的盆景

治经学不拘泥于考据，不醉心于名物训诂，相反，他很重视学以致用。他很注意时务，并把宣扬维新变法的《时务报》作为学生的必读教材，并且对学生说："士子读书，期于致用。近日文人，往往拘奔帖括，罕能留意时务。"

在王先谦、王文清等经学大师的影响下，岳麓书院因而有汉学之盛，并建有专攻经学的校经堂，力诽宋学之空疏，但它并没有走到名物训诂的极端。如果说湖湘学的经世致用的学风渗透到了明代岳麓书

书房一景

岳麓书院前的石碑

岳麓书院一景

院的王学中，那么清代岳麓书院的汉学则是继承和发扬了湖湘学经世致用的传统。

纵观岳麓书院千年学术，虽然各个历史时期各有其理论形态和学术特色，但它始终是重要的学术中心之一。尤其值得注意的是，在岳麓书院千年学术史中，始终贯穿着经世致用的学术传统，为各个朝代的山长所继承。

五 名人简介

岳麓书院碑刻

　　岳麓书院作为中国古代历史上闻名天下的学术基地与教学基地，在近千年的历史中，涌现出了不计其数的人才，其中有在学术上取得重要成就的著名学者，也有治国安邦、锐意改革的政治家，至今岳麓书院还悬挂着"惟楚有才，于斯为盛"的对联，意思是说，楚地是出人才的地方，岳麓书院更是人才聚集的场所，可见岳麓书院出人才是有目共睹的事实。下面就对岳麓书院在各个时期涌现出的著名的历史人物及其思想进行简要的介绍，对我们了解岳麓书院的历史也是有一定帮助的。

　　（一）张栻

　　张栻，南宋理学家、教育家。字敬夫，一字乐斋，号南轩，蜀州绵竹（今属四川）人。以荫入仕，历任直秘阁，知抚州、严州，吏部郎兼侍讲、左司员外郎，知袁州、靖江府，荆湖北路转运副使，知江宁府，右文殿修撰等职。勤职忠君，反对议和，力主抗金。与朱熹、吕祖谦齐名，时称"东南三贤"。曾在碧泉书院师从胡宏，学成后在长沙城南妙高峰下建城南书院，并与二三学者讲学其中。乾道初年，知潭州刘珙修复岳麓书院，特聘他主教岳麓，讲公

悬挂在正堂匾额之下的《岳麓书院记》

私义利之辨，闻者风动。朱熹自闽至，与他讲学论道，听讲者多达千人。他们在长沙论学未穷，继而书信辩疑不绝，往来论辩切磋，相互引为道学挚友。

张栻的思想体系博大精深。哲学上以"太极"为最高范畴，提出"太极混沦，生化之根；圃辟二气，枢纽群动"（《南轩文集扩斋记》）。并认为"太极，性也"（《答周允升》）。继承其师胡宏性本论的学术特点，又认为"人之心，天地之心也。其周流而该遍者，本体也"（《桂阳军学记》）。未能在哲学本源问题上形成一致观点，反映其兼容并蓄的思想特色。认识论上主张

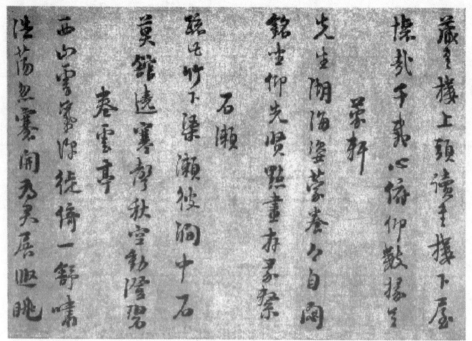

张栻所书的诗词

知先行后，"所谓知之在先，此固不可易之论"（《答吴晦叔》）。又认为学贵力行，须知行互发，"近岁以来，学者失其旨，汲汲求所谓知，而于躬行则忽焉。本之不立，故其所知特出于臆度之见……未知二者互发之故也"（《论语解序》）。认为天命之性"纯粹至善"，而人与人之间的品行差别则根于"气禀"，通过学习与教育，"气禀之性可以化而复其初"（《孟子说》卷六）；"惟局于气禀，迁于物欲而天理不明，是以处之不尽其道，以至于伤恩害义者有之。此先王之所以为忧，而为之学以教之也"

（《彬州学记》）。反对为学以"科利禄计"，应以"传道而济斯民"为目的。主张学习儒家经典，要"先于义利之辩"（《孟子讲义序》）。注重力行求实，反对空谈虚诞。"善学者，志必在乎圣人，而行无忽于卑近；不为惊怪恍惚之见，而不合乎沈潜缜缤密之功"（《宋元学案·南轩学案》）。初偏重"省察"功夫，后与朱熹反复论难，认为"存养、省察之功，固当并进，然存养是本"（同上）。主张"主敬穷理"，指出"居敬、集义，工夫并进，相须而相成也"（同上）。黄宗羲说：

黄宗羲像

岳麓书院汲泉亭

"甫轩之学，得之五峰。论其所造，大要比五峰纯粹，益由其见处高，践履又实也。"（同上）著有《南轩文集》《论语解》《孟子说》等。

（二）朱熹

朱熹（1130—1200），字元晦（一作仲晦），号晦庵，人称紫阳先生。南宋理学家、教育家，江西婺源人。父亲朱松与岳飞是同一时期人，曾得充福建政和县尉小官，携全家赴任，后调任尤溪县尉。宋高宗建炎四年（1130年）朱熹出生于尤溪，降世不久，其父升任朝廷秘书省正字职，但因反对秦桧主和，被逐出朝廷。朱松回

酷暑读书

到福建建阳家中。朱熹随父在建阳度过了他的童年。

朱熹自幼勤奋好学，立志要做圣人。李侗曾赞扬他："颖悟绝人，力行可畏，其所诧难，体人切至，自是从游累年，精思实体，而学之所造亦深矣。"并说朱熹"进学甚力，乐善畏义，吾党罕有"。（《年谱》卷一）朱熹仕途非常坎坷，做官清正有为，他主张抗金，并强调备战，被主和派韩侂胄等视为"伪学"。朱熹一生从事理学研究，又竭力主张以理学治国，但却不被当道者所理解。平生广注儒学典籍，对经学、史学、文学、乐律以至自然科学均有贡献。在哲学上发展了二程（颢、颐）关于理气关系

武夷山朱熹纪念馆

岳麓书院

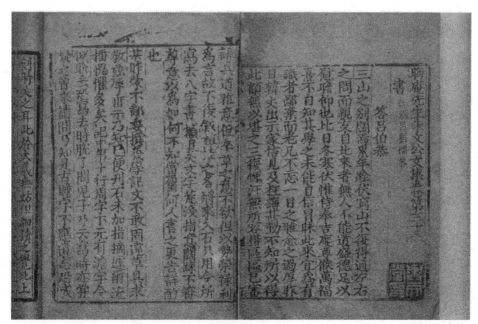

《朱文公文集》

的学说，集理学之大成，建立起客观唯心主义的理学体系，世称程朱学派。其学认为：理、气不能相离，"天下未有无理之气，亦未有无气之理"。又断言"理在先，气在后""有是理便有是气，但理是本"。强调"天理"和"人欲"的对立，要求人们放弃"私欲"，服从"天理"。教学授徒五十余年，认为"为学之道，莫先于穷理；穷理之要，必在于读书；读书之法，莫贵于循序而致精；而致精之本，则又在于居敬而持志"（《朱文公文集》卷十四《甲寅行宫便殿奏札二》）。又提出对自然变化的科学见解，如关于阴阳二气的宇宙演化说，如从高山上残留的螺蚌壳论证地

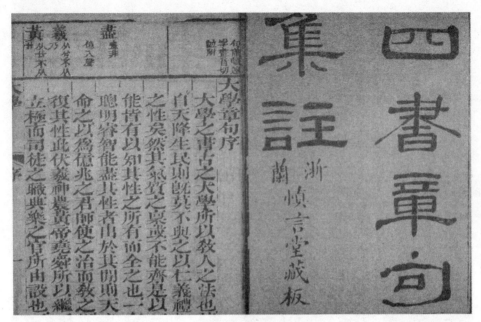

《四书章句集注》

质变迁（原为海洋）说等。其学说在明清两代被确立为儒学正宗，并影响至日本等国，如日本德川时代，"朱子学"颇为流行。其博览和慎思精神，对后世学者影响至深。所著有《四书章句集注》《周易本义》《诗集传》《楚辞集注》，及后人所编纂的《晦庵先生朱文公文集》和《朱子语录》等。

（三）胡宏

胡宏，字仁仲，生于宋徽宗崇宁元年（1102年），卒于宋高宗绍兴三十一年（1161年），建宁崇安（今属福建）人，人称"五峰先生"。胡宏是南宋初期一位影响较大的爱国主义思想家，他的理学思想对宋代

朱熹故居

岳麓书院门前石阶

千年学府

理学的形成和发展具有承上启下的作用，是这一时期理学阵营中居于重要地位的理学家。

胡宏的理学思想以"性"为本体。他认为性即是天命，为天下之一本，万理皆出于性。因此，这个"性"不仅仅指人性而言。在性与心的关系问题上，胡宏以性为体，以心为用，认为性是心的本体和本原，心是性的表现和作用。二者的联系表现为"未发"为性，"已发"为心。在性与理的关系上，他认为不应以理为本体，而以性为本体。在"性"与"物"的关系上，胡宏认为性是本体和本原，物是由性派生的。他反对以善恶论性，提出了人性无善恶论。在名实问题上，胡宏肯定先有实而后有名。在胡宏的认识论中，还提出了"循道而行"即按规律办事的思想。

他的认识论虽然不系统、不完备，但其基本观点是唯物的，这在理学阵营中，也表现了他不同于别人的可贵之处。

（四）王夫之

王夫之（1619—1692），字而农，号姜斋，别号一壶道人，是明清之际杰出的哲学家、思想家，与顾炎武、黄宗羲同称明末清初三大学者。晚年居衡阳之石船山，学者称"船山先生"。

明崇祯年间，王夫之求学岳麓书院，师

岳麓书院赫曦台

王夫之故居湘西草堂

从吴道行，崇祯十一年（1638年）肄业。在求学期间，吴道行教以湖湘之学，传授朱张之道，较早地影响了王夫之的思想，形成了王夫之湖湘学统中的济世救民的基本脉络。明亡后，清顺治五年（1648年），王夫之在衡阳举兵抗清，阻击清军南下，战败退肇庆，任南明桂王政府行人司行人，以反对王化澄，几陷大狱。至桂林依瞿式耜，桂林陷没，瞿式耜殉难，乃决心隐遁。辗转湘西以及郴、永、涟、邵间，窜身瑶洞，伏处深山，后回到家乡衡阳潜心治学，在石船山下筑草堂而居，人称"湘西草堂"，在此撰写了许多重要的学术著作。王夫之33岁以后就开始"栖伏林谷，随地托迹"，甚至变姓名为瑶人以避世，直到他死去。刻苦研究，勤恳著述，垂四十年，得"完发以终"，始终未剃发。这是一个孤高耿介的人，是中国知识分子中稀有的人物。

王夫之学问渊博，对天文、历法、数学、地理学等均有研究，尤精于经学、史学、文学。哲学上总结并发展了中国传统的唯物主义。认为"尽天地之间，无不是气，即无不是理也"（《读四书大全说》卷十），以为"气"是物质实体，而"理"

湘西草堂内陈列的王夫之书法作品等文物

则为客观规律。又以"纟因 蕴生化"来说明"气"变化日新的辩证性质，认为"阴阳各成其象，则相为对，刚柔、寒温、生杀，必相反而相为仇"。强调"天下惟器而已矣""无其器则无其道"（《周易外传》卷五）。由"道器"关系建立其历史进化论，反对保守退化思想。又认为"习成而性与成"，人性随环境习俗而变化，所以"未成可成，已成可革"，而教育要"养其习于蒙童"。在知行关系上，强调行是知的基础，反对陆王"以知为行"及禅学家"知有是事便休"的观点。政治上反对豪强大地主，认为"大贾富民"是"国之司命"，农工商业都能生产财富。文学方面，善诗文，工词曲。所作《诗绎》《夕堂永日绪论》，论诗多独到见解。所著经后人编为《船山遗书》。其一生坚持爱国主义和唯物主义的战斗精神，至死不渝。其中在哲学上最重要的著作有《周易外传》《尚书引义》《读四大全说》《张子正蒙注》《思录内外篇》《黄书》《噩梦》等。墨迹传世稀少。《大云山歌》书风神清气舒，可谓珍品。

（五）曾国藩

　　曾国藩（1811—1872），湖南湘乡（今双峰县）人，曾就读于岳麓书院，他是中

王夫之故居一景

岳麓书院

国历史上最有影响的人物之一。中进士留京师后十年七迁，连升十级，37岁任礼部侍郎，官至二品。后因丧母回乡丁忧，恰逢太平天国横扫湖湘，他因势在家乡创办湘军，为清王朝平定了太平天国运动，被封为一等勇毅侯，成为清代以文人而封武侯的第一人，后历任两江总督、直隶总督，官居一品。

曾国藩雕像

曾国藩作为近代著名的政治家，对"乾嘉盛世"后清王朝的腐败衰落，洞若观火，他说："国贫不足患，惟民心涣散，则为患甚大。"对于"士大夫习于忧容苟安""昌为一种不白不黑、不痛不痒之风""痛恨次骨"。他认为，"吏治之坏，由于群幕，求吏才以剔幕弊，诚为探源之论"。基于此，曾国藩提出，"行政之要，首在得人"，危急之时需用德器兼备之人，要倡廉正之风，行礼治之仁政，反对暴政、扰民，对于那些贪赃枉法、渔民肥己的官吏，一定要予以严惩。至于关系国运民生的财政经济，曾国藩认为，理财之道，全在酌盈剂虚，脚踏实地，洁己奉公，"渐求整顿，不在于求取速效"。

曾国藩将农业提到国家经济中基础性

左宗棠塑像

的战略地位，他认为，"民生以穑事为先，国计以丰年为瑞"。他要求"今日之州县，以重农为第一要务"。受两次鸦片战争的冲击，曾国藩对中西邦交有自己的看法，一方面他十分痛恨西方人侵略中国，认为卧榻之旁，岂容他人鼾睡，并反对借师助剿，以借助外国为深愧；另一方面又不盲目排外，主张向西方学习其先进的科学技术，如他说过："购买外洋器物……访募覃思之士，智巧之匠，始而演习，继而试造，……可以剿发捻，可以勤远略。"

（六）左宗棠

左宗棠（1812—1885），曾求学于岳麓书院，晚清军政重臣，湘军统帅之一，洋务派首领。字季高，一字朴存，号湘上农人，湖南湘阴人。

左宗棠生性颖悟，少负大志。5岁时，他随父到省城长沙读书。道光七年(1827年)应长沙府试，取中第二名。他不仅攻读儒家经典，更多地则是经世致用之学，对那些涉及中国历史、地理、军事、经济、水利等内容的名著视为至宝，对他后来带兵打仗、施政理财起了很大的作用。1830年，左宗棠进入长沙城南书院读书，次年又入湖南巡抚吴荣光在长沙设立的湘水校经堂。他学习刻苦，成绩优异，在这年的考试中，七次名列第一。

左宗棠于道光十二年（1832年）中举。咸丰元年（1851年）太平天国起义后，先后入湖南巡抚张亮基、骆秉章幕，为抗拒太平军多所筹划。1856年，因接济曾国藩部军饷以夺取被太平军所占武昌之功，命以兵部郎中用。1860年，太平军攻破江南大营后，随同钦差大臣、两江总督曾国藩办理军务。曾在湖南招募五千人，组成楚军，赴江西、安徽与太平军作战。1861年太平军攻克杭州后，曾国藩推荐左宗棠任浙江巡抚，督办军务。同治元年（1862年），组成中法混合军，称常捷军，并扩充中英混合军，先后攻陷金华、绍兴等地，升任闽浙总督。1864年攻陷杭州，控制浙江全境。论功封一等恪靖伯。不久，奉命率军入江西、福建追击太平军李世贤、汪海洋部，至1866年在广东嘉应州（今梅县）击败太平军。镇压太平天国后，倡议减兵并饷，加给练兵。1865年升任闽浙总督。1866年上书奏请设局监造轮船，获准试行，即于福州马尾择址办船厂，派人出国购买机器、船槽，并创办求是堂艺局（又

左宗棠开办的福州船政局

魏源像

称船政学堂），培养造船技术和海军人才。旋改任陕甘总督，推荐原江西巡抚沈葆桢任总理船政大臣。一年后，福州船政局（又称马尾船政局）正式开工，成为中国第一个新式造船厂。1867年，奉命为钦差大臣，督办陕甘军务。总的来说，他对晚清时期中国的发展产生了重要影响。

（七）魏源

魏源（1794—1857年），原名远达，改源，字默深，湖南邵阳金潭（今隆回县）人，曾求学于岳麓书院。他出身于没落地主官僚家庭，幼年时代家境贫寒。道光二十四年进士，官至内阁中书，晚年任高邮知州。近代著名思想家，与龚自珍齐名，时称"龚魏"。一生著述甚丰，主要有《圣武记》《海国图志》《元史新编》《书古微》《老子本义》《古微堂四书》等。

魏源是一个进步的思想家、史学家和坚决反对外国侵略的爱国学者。他积极要求清政府进行改革，强调："天下无数百年不弊之法，无穷极不变之法，无不除弊而能兴利之法，无不易简而能变通之法。"他着重于经济领域的改革，在鸦片战争前后提出了一些改革水利、漕运、盐政的方

魏源故居

案和措施，要求革除弊端以有利于"国计民生"，认为"变古愈尽，便民愈甚"。这些主张不仅在当时具有进步意义，对于后来的资产阶级变法维新运动也起了积极的推动作用。魏源同林则徐一样，是鸦片战争时期"睁眼看世界"，最有眼光的人物。他既坚决反抗侵略，又重视了解和学习西方的科学技术，以此作为对付侵略的重要方法。他在《海国图志》中很好贯彻并发挥了林则徐了解和学习西方的思想和做法，提出了"师夷长技以制夷"的正确口号，认为"善师四夷者，能制四夷；不善师外夷者，外夷制之"，把学习西方的"长技"提高到关系国家民族安危的大事来认识，使之在当时社会上发生了振

王先谦笔洗

聋发聩的重大影响。

（八）王先谦

王先谦（1842—1917），是岳麓书院的最后一位山长。字益吾，因宅名葵园，学人称其为葵园先生。光绪十一年，任江苏学政。任内招揽文人，在江阴南菁书院开设书局，校刻《皇清经解续编》，成书一千余卷，还刻有《南菁书院丛书》。其间，还上书奏请筹办东三省边防，罢三海工程，弹劾徐之铭、李莲英等。

光绪十五年（1889 年），王先谦卸江苏学政任，回长沙定居。次年主讲湖南思贤讲舍，并在讲舍设局刻书。光绪十七年，任城南书院山长。光绪二十年，转任岳麓书院山长，主讲岳麓书院达十年之久。

中日甲午战争后，维新运动在全国兴起，湖南一些士绅开始兴办近代工业。王先谦投资银一万两，与黄自元、陈文玮等集股，并拨借官款，于光绪二十二年（1896年）创设宝善成机器制造公司。公司开办数年，折损颇多。不久交给官办，终因经营不善，于光绪二十五年停办。

光绪二十三年冬，湖南时务学堂成立，该学堂总理熊希龄聘梁启超、韩文举、唐才常等维新人士任教习。随着维新运动的高涨，王先谦攻击时务学堂总教习梁启超等"伤风败俗""志在谋逆""专以无父无君之邪说教人"，使学生"不复知忠孝节义为何事"；指斥南学会和《湘报》宣传民权平等学说为"一切平等禽兽之行""背叛圣教，败灭伦常"。并纠集张祖同、叶德辉等提出《湘绅公呈》，呈请抚院对时务学堂严加整顿，驱逐熊希龄、唐才常及梁启超等维新人士。又致书陈宝箴，提出停刊《湘报》。还串通省内劣绅，鼓动岳麓、城南、求忠三书院部分学生，齐集省城学宫，商定所谓《湘省学约》，用以约束士人言行，

梁启超曾任长沙时务学堂总教习

对抗新思想传播。及至戊戌变法失败后，其门人苏舆编辑《翼教丛编》一书，集中攻诬变法维新，并颂扬王先谦能事先"洞烛其奸，摘发备至"。

光绪二十六年（1900 年）七月，唐才常等所领自立军起义失败，王先谦、叶德辉等人向巡抚俞廉三告密，搜捕杀害自立会人士百余人。

光绪二十九年，学堂渐兴，王先谦仍主讲岳麓书院兼任湖南师范馆馆长。后来以"人心不靖""邪说朋兴，排满革命之谈充塞庠序"为由，离开了湖南师范馆。同年，岳麓书院改为湖南高等学堂。

光绪三十四年，王先谦所著书经巡抚岑春蓂呈送清廷，受到嘉奖，赏内阁学士衔，降五级调用。以后，竭力反对民主革命运动。宣统三年（1911 年）武昌起义后，避居平江，闭门著书，凡三年，回到长沙，至民国六年（1917 年）因病逝世。

王先谦博览古今图籍，研究各朝典章制度。治学重考据、校勘，荟集群言。除前述校刻《皇清经解续编》外，还编有清《十朝东华录》《续古文辞类纂》等。著有《汉书补注》《水经注合笺》《后汉书

杨昌济故居

岳麓书院

集解》《荀子集解》《庄子集解》《诗三家义集疏》《虚受堂诗文集》等。

（九）杨昌济

杨昌济像

杨昌济，伦理学家、教育家，湖南省长沙县人，名怀中，字华生，1871 年出生。1898 年就读于岳麓书院，不顾山长阻挠，毅然加入进步团体南学会，努力宣传新学、新政，赞同谭嗣同的"以民为主"的政治思想。戊戌变法失败后，避居家乡，研究经世之学。无论是研究学问还是做人，都具有坚忍精神，他说："吾无过人者，惟于坚忍二字颇为着力，常欲以久制胜。"

1903 年，考取官费留日学生，在弘文学院、东京高等师范攻读教育学六年。身处扶桑，不忘祖国，改号怀中，以求心怀中土。还参加了拒俄运动。1909 年，由日本赴英国，入苏格兰爱伯汀大学，攻读哲学、伦理学，获学士学位。后又到德国考察教育，立志献身教育，报效祖国和人民。1913 年回到长沙，被湖南省政府聘为教育司司长，他断然谢绝，表示专心从事学术研究和教育事业。他先后在湖南省立第四师范、第一师范任教。一大批有志青年都是他的学生，领受教诲颇多。他对国事颇为关注，曾设法营救被袁世凯迫害的杨德麟，规劝杨度不要为袁世凯复辟帝制鼓吹，支持和参加新文化运动，为创建湖南大学奔

杨昌济故居

走呼号等等。还为《新青年》撰写论文，推荐文章。与徐特立、黎锦熙等组织编译所，编辑出版中小学各科教科书，翻译了《西洋伦理学史》，编辑了《论语类抄》《教育学讲义》等书。《达化斋日记》《杨昌济文集》为其传世之作。

他对教育提出过许多有见地的观点：主张知行统一，注重实践，反对空谈；主张以道德教育为中心，德、智、体全面发展，提出"立志、理想、爱国、殉国、勤勉、存诚、立功、勇敢、坚忍、贵我、通今"等十个方面内容，鼓励学生立志做有益于社会的正大光明的人；主张教育普及应与提高相结合；主张大力发展高等教育，反对赶时髦的留学之风；注重发现、爱护和培养人才，此乃"悠悠万事，惟此为大"；主张洋为中用，反对全盘西化。他认为一国有一国之民族精神，"吾人求学海外，欲归国而致之用，不可不就吾国之情形深加研究，何者当因，何者当革，何者宜取，何者宜舍，了然于心，确有把握而后可以适合本国之国情，而善应宇宙之大势"。

1918年6月，杨昌济应蔡元培先生之聘，任北京大学伦理学教授。1920年1月17日病逝于北京，终年49岁，归葬长沙县板仓。他是一个道德高尚的人，对自己的伦理学有强烈信仰，努力鼓励学生立志做有益于社会的正大光明的人，他一生以发展教育为己任。

六　景观介绍

现在的岳麓书院已经发展成了一处闻名世界的游览胜地，下面我们就对岳麓书院遗址的景观进行简要的介绍。

岳麓书院坐落在风景胜地岳麓山清风峡口，占地25000平方米，建筑面积7030平方米。主轴线上依次为前门、赫曦台、大门、二门、讲堂、御书楼。主体建筑左为文庙，右为百泉轩及园林建筑，大门两侧为斋舍。

在岳麓书院的前门上有一块"千年学府"的匾，是根据唐代大书法家欧阳询的字镌刻而成的。

从前门走进来，可以看到赫曦台，这是古时候酬神演戏的舞台。朱熹在岳麓书

长沙岳麓书院一景

岳麓书院

岳麓书院赫曦台

院讲学的时候，常常很早就跑到岳麓山顶去看日出，看到日出就拍手欢呼"赫曦、赫曦"，意思是红红的太阳升起来了，后来张栻就在这里修了一个台，取名"赫曦台"。现在的赫曦台是清朝同治七年（1868 年）重新修建的，它呈"凸"字形结构，是典型的湖南地方戏台。大家拾级而上，可以看到台左右两壁檐上还保留有清乾隆年间修建时的戏剧故事雕塑，左边有《拾玉镯》，右边有《秋胡戏妻》等较具有艺术价值的雕塑，可见，当时书院的师生除了清苦的学习外，还有丰富的课余活动，儒家士人既严谨又闲适的思想也略见一斑。台左边墙壁上近丈高的"寿"字，

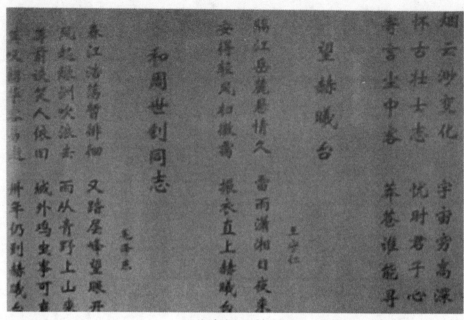

赫曦台诗句

此字用两笔写成，形如龙蛇盘绕，柔中带刚，非一般人所及，所以被人们传为仙迹。关于此字的形成，还有一段有趣的故事。相传清嘉庆十二年（1807年），岳麓书院院长罗典在书院举行重赴鹿鸣宴宴会（鹿鸣宴指古代的地方官宴请科举考试中的考官和中试的学生的宴会，因为宴会上通常都演奏《诗经·鹿鸣》，从而得名。重赴鹿鸣宴是指鹿鸣宴六十年后而举行的宴会），这天，达官贵人、科场举子云集岳麓书院，大家谈古论今，吟诗作赋，热闹非凡。正当兴头，一位身穿青布青袍，脚着草鞋的老道人来到院内，自称前来赴宴，那些士人见来者只不过是一个无名老道，便不是很善意地叫他先写几个字，道人当然明白其中之意，随手拿起墙边的扫帚，伸入黄泥水中，将扫把一举，唰！唰！两笔写下近丈高的"寿"字，然后把扫帚一丢扬长而去。院长罗典在惊叹之余曾托人寻找老道人，但不知下落，后来罗典在右边的墙壁上补书了一个"福"与"寿"对称。大家现在看到的"福"字用一笔写成，笔力强劲，形如猛虎下山。"福、寿"二字如龙腾虎跃，暗含岳麓书院是藏龙卧虎之地。

沿着砌石的中轴线往前走就是大门，现在的大门是明朝正德四年（1509年）建造的，清同治七年（1868年）进行过翻新，是五间单檐硬山和三山屏墙结构。大门两旁有一块汉白玉鼓形上马石，它的正面是三狮戏珠图，背面是芙蓉锦鸡图、荷花鹭鸶图，此物相传是岳麓书院的著名学生曾任两江总督的陶澍严惩贪官曹百万从曹府搬来献给母校的。大门上方有一块"岳麓书院"的四字匾额。大门两旁有一幅千古名联："惟楚有材，于斯为盛。"这是由院长袁岘冈与贡生张中阶撰写的，它高度褒扬了岳麓书院千百年

赫曦台简介

来作为湖湘文化的摇篮，孕育出无数的英才豪杰。楚材斯盛，正和赫曦台墙壁上的福寿两字暗含的藏龙卧虎之意切合。

大门之后是二门，二门至讲堂两方均为斋舍。右侧是教学斋，左侧是半学斋，教学斋和半学斋反映岳麓书院教学中"教学相长，惟教学半学"的辨证思想。

出了二门，沿中轴线继续向前走，来到了书院的核心部分——讲堂。讲堂位于书院的中心，是书院教学和举行重大活动的场所。讲堂内有三块匾：第一块是"实事求是"匾，源于《汉书》的《河间献王刘德传》，《汉书》在评价献王的时候，

岳麓书院内讲堂

岳麓书院

有一句话是这么说的："修学好古，实事求是。"1917年前后，正是我国教育制度发生重大变革的关键时期，各种观点层出不穷，莫衷一是，校长手书"实事求是"作为校训，旨在教育学生从社会的实际出发，求得正确的结论。在教育制度发生变革的关键时期，这一校训起到了辨别方向的作用，并对这里的学生乃至整个中国的命运都产生了重大的影响。第二块是"学达性天"匾，此匾是康熙二十六年（1687年）御赐，意思是通过学习理学可以达到恢复天性、天人合一的境界，

如今岳麓书院已成为一处闻名世界的游览胜地

此匾说明了岳麓书院是以理学作为办学宗旨，到这里来求学，可以达到学问的最高境界。第三块是"道南正脉"匾，这块匾是清乾隆八年（1743 年）御赐，意思是岳麓书院所传播的朱张湖湘学是理学向南方传播后的正统，此匾高度评价了书院传播理学的地位。讲堂的正中是一个高约一米的长方形计时坛，这是以前教师讲课的地方，讲坛上摆有两把红木雕花座椅，这是当年两位理学大师朱熹和张栻会讲的用物。讲堂现有八幅对联和诸如《欧阳正焕整齐严肃碑》等大量碑言刻。

讲堂右侧是湘水讲经堂，左侧是百泉

轩。百泉轩，因为地处岳麓山清风峡谷口溪泉荟萃处而得名。在宋代，这里是山长的住处，当年，朱熹和当时的山长张栻就曾经在此"昼而燕坐，夜而栖宿"，意思就是吃饭、睡觉都不离开这里，这主要是因为百泉轩前面有一个优美的园林，书院八景中，其中就有两景在园林中，分别是"碧沼观鱼""花墩坐月"。

穿过园林后就是时务轩，时务轩是为了纪念清末维新派创办的学校——时务学堂而修建的纪念性建筑。中日甲午战争失败后，民族危机空前加强，为了配合维新运动，同

时务轩

麓山寺碑石刻

时也为了推进湖南的新政，在谭嗣同等人的活动下，终于获得朝廷的批准，在长沙小东街设立了时务学堂，由梁启超在此主教，主要传播变法的理论。变法运动失败后，时务学堂被迫停办，改为求实书院，后改为湖南大学堂，次年并入岳麓书院并发展成为今天的湖南大学。逃亡日本的梁启超在1922年回到长沙后，到小东街寻访时务学堂旧址，那时，距时务学堂的创办已经有二十六年了，原址已改为旅馆，房屋虽在，但已面目全非，旧时的学生和老师们大部分都已不在人世，他感到非常伤心，于是提笔写下了"时务学堂旧址"以示纪念。

在时务轩的旁边就是麓山寺碑，也称"三绝碑"。麓山寺碑是我国现存碑刻中影响较大的一块唐碑，高 272 厘米，高 133 厘米，记录的内容为麓山寺的历史沿革，它是由著名的书法家、文学家、篆刻家李邕亲自撰文、书写并且镌刻，因文、书、刻三者俱佳，因此有"三绝碑"之称，又因为李邕曾当过北海太守，因此这块碑又有"北海碑"之称，人们常称其为"北海三绝碑"。因为麓山寺碑非常有名，历代想得到这碑的人非常多，也有人前来拓取，因方法不对，使此碑遭到了严重的破坏，成了今天的这个样子。

穿过讲堂后，是一座三层楼阁建筑，居

"程子四箴" 匾额

于中轴线的尾端，坐西面东雄视整个书院，这就是古代的图书馆——御书楼。御书楼始建于宋咸平二年（999年），开始叫书楼，后来屡建屡毁，地址搬迁了好几个地方，名称也改为藏经阁、尊经阁。御书楼在清代是民间较大的一座图书馆，藏书最多的时候有两万多卷，制定有藏书条例，管理科学而且严格。今天的御书楼仍然作为图书馆供教研人员和学生使用，现在的藏书数量已超过五万册。

站在御书楼前，沿回廊右转，在草木掩映之中有一片青墙黑瓦的小院落，这里是奉祀理学大师及岳麓书院培养的部分高足生徒的祠堂，有祭祀周敦颐的濂溪祠，有祭祀程颐、程颢的四箴亭，有祭祀朱熹、张栻的崇道祠等等。

岳麓书院作为一所拥有千年历史的古老书院，凝聚了我国优良的教育传统与学术传统，从岳麓书院至湖南大学的千年办学历史，反映了中国教育制度的变迁，是我国高等教育发展史的一个缩影，同时也蕴涵着中国传统学术的独特魅力。岳麓书院培育出不计其数的优秀人才，在政治、经济、文化、教育等各个领域发挥了重要的作用。这一切都说明，岳麓书院在中国历史上具有不可替代的作用，对历史的发展做出了卓越的贡献。